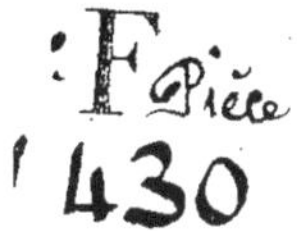

SOCIÉTÉ

POUR LA

PROTECTION DES PAYSAGES DE FRANCE

LA LOI

POUR LA

Protection des Sites et Monuments naturels

TEXTE, DOCUMENTS ET COMMENTAIRES

relatifs à son application

A Messieurs les Membres
des Commissions départementales des Sites

La Beauté du Paysage est une Richesse nationale

PARIS

26, RUE DE GRAMMONT, 26

1909

Société pour la Protection des Paysages de France

COMITÉ DIRECTEUR

M. Charles Beauquier, député du Doubs. — *Président.*

MM. Jean Lahor, homme de lettres — **Augé de Lassus**, homme de lettres. — **J. Looten**, conservateur honoraire du Dépôt des Phares. — *Vice-Présidents.*

M. P.-A. Changeur, avocat à la Cour d'appel. — *Secrétaire général.*

M. Louis de Nussac, sous-bibliothécaire au Muséum. — *Secrétaire.*

M. Jean Lobel, directeur du Bureau de la Propriété Littéraire et Artistique du Cercle de la Librairie et de l'Imprimerie. — *Trésorier.*

Mmes Lefebvre Saint-Ogan. — Marquette. — Savine.

Mlle Harlor.

MM. Andigné (C^le d'), conseiller municipal de Paris, conseiller général de la Seine. — **Aynard**, député du Rhône. — **Ballif**, président du Touring-Club. — **Benoît-Lévy**, président de la Société populaire des Beaux-Arts. — **Bonnard**, docteur en droit, membre du Comité de contentieux du Touring-Club. — **Pierre de Bouchaud**, homme de lettres. — **Jean Canora-Prunières**, homme de lettres. — **Emile Cardot**, inspecteur des Eaux et Forêts. — **J. Charles-Brun**, délégué général de la Fédération régionaliste française. — **Charrier**, conseiller référendaire à la Cour des Comptes. — **Raoul de Clermont**, avocat à la Cour d'appel. — **F. Cros-Mayrevieille**, avocat à la Cour d'appel. — **Dr Louis Cruveilhier**, co-directeur de la *Revue Communale*. — **Cuënot**, docteur en droit, vice-président du Club Alpin. — **Dubuisson**, député du Finistère. — **Albert Duval**, propriétaire. — **Georges Godin**, artiste-peintre. — **Antoine Guillemet**, peintre. — **André Hallays**, homme de lettres. — **Eugène Hénard**, architecte. — **Hœnstchell**, amateur d'art. — **Dr Jacquet**, médecin des Hôpitaux. — **Jamot**, propriétaire. — **Paul Joanne**, directeur des *Guides Joanne*. — **Labori**, avocat à la Cour d'appel, député de Seine-et-Oise. — **Germain Lefèvre-Pontalis**, archiviste-paléographe. — **Charles Le Goffic**, homme de lettres. — **André Lefrançois**, membre du Comité Dr du S.-H.-C. — **Madelin**, inspecteur des Eaux et Forêts. — **Maillet (A.)**, directeur de la *France de Demain*. — **E.-A. Martel**, directeur de *La Nature*. — **Roger Marx**, inspecteur général des Beaux-Arts. — **André Mellerio**, homme de lettres. — **Joseph Ménard**, ancien vice-président du Conseil municipal de Paris. — **René Ménard**, peintre. — **Adrien Mithouard**, homme de lettres, conseiller municipal de Paris. — **Georges Moreau**. — **Mornet**, substitut du Procureur de la Seine. — **Louis Muret**, avocat, propriétaire-agriculteur. — **Charles Normand**, président de la Société des Amis des Monuments parisiens. — **E. Ogier**, conseiller d'Etat, inspecteur général des Services administratifs au Ministère de l'Intérieur. — **Louis Perrier**, auditeur au Conseil d'Etat. — **Poilpot**, peintre. — **Georges Roy**, trésorier de la Société française de Photographie. — **Pierre Roy**, vice-président de la Société des Sports athlétiques. — **De Segogne**, avocat au Conseil d'Etat et à la Cour de cassation. — **Robert de Souza**, homme de lettres. — **Marius Vachon**, homme de lettres. — **Vélain**, professeur à l'Université de Paris. — **Adrien de Villemereuil.**

SOCIÉTÉ

POUR LA

PROTECTION DES PAYSAGES DE FRANCE

LA LOI

POUR LA

Protection des Sites et Monuments naturels

TEXTE, DOCUMENTS ET COMMENTAIRES

relatifs à son application

A Messieurs les Membres
des Commissions départementales des Sites

La Beauté du Paysage est une Richesse nationale

PARIS
26, RUE DE GRAMMONT, 26

1909

SOMMAIRE

(*) Voir page 11, paragraphe 5°, la formule de demande de classement.

LOI DU 21 AVRIL 1906

ORGANISANT LA PROTECTION

DES SITES ET MONUMENTS NATURELS

DE CARACTÈRE ARTISTIQUE

Le Sénat et la Chambre des députes ont adopté,

Le Président de la République promulgue la loi dont la teneur suit :

Article premier

Il sera constitué dans chaque département une Commission des sites et monuments naturels de caractère artistique.

Cette Commission sera composée :

Du préfet, président ;

De l'ingénieur en chef des ponts et chaussées et de l'agent-voyer en chef ;

Du chef de service des eaux et forêts ;

De deux conseillers généraux élus par leurs collègues ;

Et de cinq membres choisis par le Conseil général parmi les notabilités des arts, des sciences et de la littérature.

Article 2

Cette Commission dressera cette liste des propriétés foncières dont la conservation peut avoir au point de vue artistique ou pittoresque un intérêt général.

Article 3

Les propriétaires des immeubles désignés par la Commission seront invités à prendre l'engagement de ne détruire ni modifier l'état des lieux ou leur aspect, sauf autorisation spéciale de la Commission et approbation du Ministre de l'Instruction publique et des Beaux-Arts.

Si cet engagement est donné, la propriété est classée par arrêté du Ministre de l'Instruction publique et des Beaux-Arts.

Si l'engagement est refusé, la Commission notifiera le refus au département et aux communes sur le territoire desquels la propriété est située.

Le déclassement pourra avoir lieu dans les mêmes formes et sous les mêmes conditions que le classement.

Article 4

Le préfet, au nom du département, ou le maire, au nom de la commune, pourra, en se conformant aux prescriptions de la loi du 3 mai 1841, poursuivre l'expropriation des propriétés désignées par la Commission comme susceptibles de classement.

Article 5

Après l'établissement de la servitude toute modification des lieux, sans l'autorisation prévue à l'article 3, sera punie d'une amende de cent francs (100 francs) à trois mille francs (3000 fr.)

Article 6

La présente loi est applicable à l'Algérie.

La présente loi, délibérée et adoptée par le Sénat et par la Chambre des Députés, sera exécutée comme loi de l'Etat.

Fait à Paris, le 21 avril 1906.

A. FALLIÈRES

Par le Président de la République :

Le Ministre de l'Instruction publique, des Beaux-Arts et des Cultes,

Aristide Briand.

II

CIRCULAIRES ADMINISTRATIVES

1° Ministère de l'Agriculture.

a). — A MM. les Conservateurs des Eaux et Forêts.

MINISTÈRE
DE L'AGRICULTURE
—
DIRECTION
DES EAUX ET FORÊTS
—

Paris, le mai 1906.

Monsieur le Conservateur,

Je vous transmets ci-joint le texte de la loi du 21 avril 1906, publiée au *Journal officiel* du 24 avril, organisant la protection des sites et monuments naturels de caractère artistique.

L'Administration ne pouvait que suivre avec satisfaction le mouvement qui, les années dernières, se produisait en faveur de la conservation des beautés naturelles de notre pays. C'est elle, en effet, qui fut des premières à témoigner du légitime souci d'assurer la protection de nos richesses esthétiques. Sans parler de la création de séries artistiques, je dois rappeler que, dès l'année 1899, j'ai prescrit des mesures pour conserver dans les forêts domaniales et communales tous les arbres remarquables, ces témoins d'un lointain passé, si justement renommés par les souvenirs historiques ou légendaires qu'ils évoquent, par la majesté de leur port, de leurs dimensions exceptionnelles.

J'ai donc le ferme espoir que les agents, justifiant la confiance que le Parlement a bien voulu leur accorder en les désignant parmi les membres de droit de la Commission de classement, ne manqueront pas de faire montre de zèle et de dévouement dans l'accomplissement d'une tâche qui touche à un intérêt vraiment national.

Les agents, membres des Commissions, devront m'adresser sans retard, par votre intermédiaire, des renseignements circonstanciés sur tous les classements intéressant les terrains soumis au régime forestier. Ils devront, chaque fois que cela sera possible, joindre au dossier une photographie des sites ou monuments naturels dont le classement est proposé.

Signé : L. DAUBRÉE.

b). — A MM. les Ingénieurs de l'Hydraulique agricole.

MINISTÈRE
DE L'AGRICULTURE

DIRECTION
DE
L'HYDRAULIQUE
ET DES
AMÉLIORATIONS AGRICOLES

2e BUREAU

Loi organisant la protection des sites et monuments de caractère artistique.

CIRCULAIRE N° 452

RÉPUBLIQUE FRANÇAISE

Paris, le 18 août 1906.

Le Ministre de l'Agriculture

à M. l'Ingénieur en chef de l'Hydraulique agricole à...

La loi votée par le Parlement et tendant à consacrer en principe et à organiser la protection des sites et monuments naturels de France présentant un caractère artistique a été promulguée le 21 avril 1906. Mon honorable prédécesseur, sans attendre le vote de cet acte législatif, vous avait recommandé, par une circulaire du 22 octobre 1904, d'intervenir d'une manière active, au cours de vos fonctions, pour empêcher la destruction de beautés pittoresques qui font l'ornement et quelquefois la richesse de nos départements.

La loi récemment promulguée vous place officiellement sous la présidence du préfet dans la Commission départementale créée par l'article 1er.

Vous étiez tout naturellement désigné pour faire partie de droit de cette Commission par vos fonctions, qui vous mettent à même d'apprécier le danger pouvant résulter de certains travaux pour la conservation des sites et des paysages

Mon collègue, M. le Ministre des Travaux publics, vous a fait parvenir le texte de la loi et vous a rappelé l'observation des prescriptions contenues dans les circulaires antérieures à ladite loi.

Je viens à mon tour insister, en ce qui me concerne, et vous prier d'apporter tout le zèle et la diligence nécessaires pour que les prescriptions de la loi votée ne restent pas lettre morte. Votre tâche à cet égard sera d'autant plus aisée et agréable que dans la plupart des départements vous et vos collègues aviez déjà été placés par l'initiative privée à la tête de ce service officieux de recherche et de classement des sites et monuments pittoresques.

J'attacherai donc un grand prix à ce que vous signaliez à la Commission départementale dont vous êtes membre tout ce qui vous paraît mériter d'être classé dans votre circonscription et à ce que vous fassiez tous vos efforts pour en faire aboutir le classement.

Je vous prierai de m'accuser réception de la présente circulaire et de me faire connaître les mesures que vous aurez prises pour en assurer l'exécution.

Signé : RUAU.

2° Ministère des Travaux publics.

A MM. les Ingénieurs en chef des Ponts et Chaussées.

MINISTÈRE
DES TRAVAUX PUBLICS
DES POSTES ET TÉLÉGRAPHES

PERSONNEL
COMPTABILITÉ ET SECRÉTARIAT
Division de la Comptabilité
3e BUREAU

Loi organisant la protection des sites et monuments artistiques.

—

RÉPUBLIQUE FRANÇAISE

Paris, le 4 mai 1906.

Le Ministre
à M. , *Ingénieur en chef des Ponts et Chaussées, à*

Justement soucieux de la conservation des sites et monuments de France les plus recherchés pour leur beauté naturelle ou pour leur valeur artistique, le Parlement vient d'adopter une loi dont le texte a été promulgué le 24 avril 1906 et qui a pour but d'en organiser la protection.

En vous communiquant ci-joint une copie de cette loi, je crois devoir vous rappeler les prescriptions de la circulaire ministérielle du 23 septembre 1904, dont vous trouverez également ci-inclus un exemplaire et dont les prescriptions doivent être toujours scrupuleusement observées.

Signé : LOUIS BARTHOU.

III

COMMENTAIRES DE LA LOI

1° — DÉFINITIONS

Un paysage est une partie de territoire dont les divers éléments forment un ensemble pittoresque ou esthétique, par la disposition des lignes, des formes et des couleurs.

Un site est une portion de paysage d'un aspect particulièrement intéressant.

Un monument naturel est un groupe d'éléments dus à la nature, comme rochers, arbres, bouleversement du sol, accidents de terrain et autres, qui, séparément ou ensemble, forment un aspect digne d'être conservé.

Un paysage peut comprendre des éléments purement naturels

ou bien englober dans son ensemble des œuvres de l'homme, tels que constructions, ruines, clochers, silhouettes, sites urbains, etc.

2° — Commentaires des articles

Article premier (*voir le texte* p. 3). — Remarquons qu'à l'inverse de la loi du 30 mars 1887 relative aux monuments historiques qui confie le classement à une Commission centrale et unique, la nouvelle loi, essentiellement décentralisatrice, remet à des Commissions locales, plus aptes à juger dans chaque cas, le soin de prendre des décisions.

Elles comprennent les personnes qui, à raison de leurs fonctions, de leur autorité ou de leur compétence, paraissaient le mieux qualifiées pour remplir cette mission.

Art. 2 (*voir le texte* p. 3). — Dans l'inventaire qui sera dressé par les Commissions départementales, il y a lieu de s'inspirer des définitions des paysages, sites et monuments naturels que nous avons mentionnés ci-dessus.

Et notamment il n'y aura pas lieu de se laisser arrêter par cette considération que les paysages ne sont pas uniquement composés d'éléments naturels.

Les termes impératifs de la loi indiquent clairement que l'établissement de cette liste est *obligatoire* dans chaque département.

Art. 3. — *Les propriétaires des immeubles désignés par la Commission seront invités à prendre l'engagement de ne détruire, ni modifier l'état des lieux ou leur aspect, sauf autorisation spéciale de la Commission et approbation du Ministre de l'Instruction publique et des Beaux-Arts.*

Si cet engagement est donné, la propriéte est classée par arrêté du Ministre de l'Instruction publique et des Beaux-Arts.

Si l'engagement est refusé, la Commission notifiera le refus au département et aux communes sur le territoire desquels la propriété est située.

Le déclassement pourra avoir lieu dans les mêmes formes et sous les mêmes conditions que le classement.

Cet article traite du classement volontaire. Il en résulte nettement que le classement présente un caractère *contractuel* au sens des articles 1101 et suivants du Code civil; en conséquence, l'arrêté ne peut être pris qu'avec le consentement préalable du propriétaire.

A défaut de stipulation contraire, l'immeuble classé est frappé d'une servitude *sui generis*, dans le genre des servitudes administratives, transmissible avec le fonds et qui oblige passivement les héritiers et ayants droit à titre particulier.

Par son consentement, le propriétaire s'engage à respecter l'état des lieux ou leur aspect.

Mais du caractère contractuel, il faut logiquement déduire qu'il appartient aux contractants de préciser les conditions mêmes du classement, d'en déterminer strictement les effets quant aux objets et quant à l'étendue.

L'arrêté n'est que l'acte confirmatif du contrat intervenu, en sanctionnant la convention transformée en un contrat d'ordre public.

Au cas de refus du propriétaire, le contrat ne pouvant se former, les mesures de protection ne peuvent être prises que par la procédure de l'article 4.

Du caractère contractuel il faut encore déduire, ainsi qu'il est stipulé dans l'article 3, que toute modification ou déclassement doit faire l'objet d'une convention spéciale, en tant que clause additionnelle ou résolutoire du contrat.

D'une façon générale, d'ailleurs, il suffit de renvoyer aux règles du Code civil en matière de contrats.

Art. 4. — *Le préfet, au nom du département, ou le maire, au nom de la commune, pourra, en se conformant aux prescriptions de la loi du 3 mai 1841, poursuivre l'expropriation des propriétés désignées par la Commission comme susceptibles de classement.*

Cet article permet d'obtenir le classement forcé au cas où le propriétaire refuserait son consentement. Dans un but d'intérêt général, pour cause de « *beauté publique* », il met au service des départements et communes les moyens d'expropriation de la loi du 3 mai 1841.

L'établissement de la servitude « *non modificandi* » est la résultante nécessaire et obligatoire de l'expropriation poursuivie.

Art. 5. — *Après l'établissement de la servitude toute modification des lieux, sans l'autorisation prévue à l'article 3, sera punie d'une amende de cent francs (100 francs) à trois mille francs (3.000 fr.).*

Cet article prévoit les infractions aux arrêtés de classement. Il ne s'agit seulement pas d'une clause pénale prévue par les articles 1226 et suivants du Code civil, sans action arbitraire des dommages et intérêts dûs pour inexécution du contrat, mais bien d'une amende, véritable sanction pénale d'un contract d'ordre public, réparation vis-à-vis de la société du préjudice causé à l'intérêt général.

Il ne s'occupe point et n'avait point à s'occuper des dommages résultant du fait d'un tiers, dont la répression est prévue tant par les articles 434 et suivants du Code pénal relatifs aux dommages causés à la propriété immobilière d'autrui, que par l'article 257 réprimant la dégradation des monuments.

Art. 6. — *La présente loi est applicable à l'Algérie.*

La présente loi, délibérée et adoptée par le Sénat et par la Chambre des Députés, sera exécutée comme loi de l'Etat.

Ce texte suffisamment explicite se passe de commentaire.

IV

PROCÉDURE

Il y a lieu tout d'abord de délimiter très exactement le rôle assigné à chaque rouage par la loi du 21 avril 1906 :

1° Role de la Commission. — La Commission départementale des sites a un pouvoir délibératif. Elle est saisie de toute demande de classement, soit par l'un de ses membres, soit par toute personne intéressée (propriétaire lui-même — sociétés — simples particuliers.....). Elle s'entourera de tous renseignements utiles pour la constitution du dossier et réunira tous documents (photographies, plans, devis.....) de nature à éclairer la décision à prendre. Elle aura à statuer sur chaque cas particulier et dressera la liste des propositions de classement.

Elle aura qualité pour connaître des propositions résultant des négociations intervenues entre le propriétaire et le préfet, président de la Commission, et pour arrêter les conditions de classement ainsi que les termes du contrat.

L'article 5 de la loi donne à la Commission un pouvoir spécial pour la poursuite des infractions aux arrêtés de classement.

2° Rôle du Préfet. — Le préfet, en tant que président de la Commission, est l'organe agissant et a un pouvoir exécutif. Il devra porter les délibérations de la Commission à la connaissance des intéressés et engager les pourparlers en vue du consentement à obtenir. Il lui appartiendra, au cas de refus d'engagement, de notifier ce refus à la commune et au département intéressé. (Voir art. 3 de la loi.)

3° Rôle du Ministre. — Le Ministre de l'Instruction publique et des Beaux-Arts a un pouvoir de contrôle et d'enregistrement. Il devra s'assurer que les conditions exigées par la loi sont remplies, et dans ce cas, prendra nécessairement l'arrêté de classement conformément à la délibération de la Commission.

Il devra, en outre, notifier aux intéressés et à la Commission départementale des sites l'arrêté de classement pris.

4° Recours en Conseil d'Etat. — Rappelons qu'un recours en Conseil d'Etat est ouvert contre la décision ministérielle et qu'en outre, aux termes de la loi récente du 13 juillet 1900, à l'expiration d'un délai de quatre mois à dater de la demande faite par lettre recommandée au ministre, le silence gardé par ce dernier doit être interprété comme un refus et le recours est dès lors possible.

5° Formules de demande de classement.

M. le Préfet du département de . . , ... président de la Commission départementale des sites et monuments naturels.

Je soussigné . . . . ai l'honneur de consentir (ou de solliciter) le classement, en vertu de l'article 3 de la loi du 21 avril 1906, de l'immeuble . . . . (désignation précise, avec les renseignements du cadastre, etc.)

Sous les conditions suivantes . . . .

Fait à . . . ., le . . . . 19 .

6° Surveillance des sites classés. — Il appartient au Préfet, en vertu de ses droits généraux de police, d'exercer une surveillance constante sur les sites classés, et notamment de les recommander à la vigilance des services publics.

La Commission départementale des sites, saisie soit sur rapport du préfet, soit sur plainte de l'un de ses membres ou même de tout intéressé, émet des vœux ou des avis qui auront telle conséquence que de droit. Plus spécialement, elle pourra inviter son Président — le Préfet — à saisir l'autorité judiciaire d'une demande de poursuite, conformément à l'article 5 de la loi.

V

ROLE COMPLÉMENTAIRE DES COMMISSIONS

Le rôle complémentaire des Commissions départementales des Sites est indiqué par les documents suivants qui montrent toute la portée de leur institution se développant à mesure que les circonstances et le *Code des Paysages* l'exigeront :

1° *LETTRE du Président de la Société pour la Protection des Paysages, aux Préfets, présidents des Commissions départementales des Sites et Monuments naturels.*

Paris, le avril 1907.

Monsieur le Préfet,

La protection des paysages a rencontré, depuis quelques années, une faveur particulièrement bienveillante et éclairée auprès des pouvoirs publics. La loi spéciale promulguée le 21 avril 1906 a consacré hautement le principe de l'esthétique naturelle, en lui donnant comme conséquence, dans certains cas, l'expropriation pour cause d'utilité publique des sites classés.

Nous avons l'honneur de porter à votre connaissance la résolution suivante, que notre Comité directeur, après l'avoir votée à l'unanimité (séance du 19 mars 1907), vient d'adresser à MM. les Ministres de l'Intérieur, des Travaux publics, de l'Agriculture, ainsi qu'à M. le Sous-Secrétaire d'Etat aux Beaux-Arts :

« *La Société pour la Protection des Paysages de France* émet le vœu que l'autorisation donnée par l'administration compétente en cas de travaux publics pouvant intéresser la sauvegarde des paysages, ne soit accordée qu'après consultation de la *Commission départementale des Sites et Monuments naturels,* établie par la loi du 21 avril 1906. »

L'esprit de ce vœu, Monsieur le Préfet, ne saurait vous échapper. Déjà, M. le Ministre des Travaux publics, par circulaire en date du 4 mai 1906, aux Ingénieurs en chef des Ponts et Chaussées, et M. le Ministre de l'Agriculture, par circulaire en date du 18 août 1906, aux Ingénieurs en chef de l'Hydraulique agricole, ont recommandé le souci et le respect des beautés pittoresques. C'est en vue de l'application étendue et facilitée de telles mesures, que nous souhaitons voir les *Commissions départementales des Sites*, instituées par la loi précitée, offrir aux diverses administrations de l'Etat, dans le cas de travaux publics, un guide consultatif compétent et offrant toutes garanties en ce qui concerne les paysages.

Ainsi auront chance d'être résolues, au mieux de l'intérêt général, des questions mixtes où peuvent entrer en contact de justes nécessités matérielles, ainsi que l'indispensable sauvegarde de beautés naturelles qui nous constituent un véritable patrimoine national.

Nous vous demanderons, Monsieur le Préfet, en communiquant notre lettre et notre vœu à la *Commission départementale*, que vous présidez, de la prier de vouloir bien, d'ores et déjà, en attendant ces décisions ministérielles, intervenir, aider par des vœux et indications utiles les diverses administrations, en ce qui touche les travaux actuellement projetés, ou devant l'être prochainement.

Dans l'espérance d'une réponse favorable de la part de la *Commission départementale des Sites*,

Nous vous prions d'agréer, M. le Préfet, l'assurance de notre considération la plus distinguée.

Le Président de la Société pour la Protection des Paysages,

Ch. Beauquier,

député du Doubs.

2e *LOI sur la* **distribution des forces d'énergie.** Article 19 de la loi du 19 mai 1906 (amendement Ch. Beauquier) : « Des Arrêtés pris par le Ministre des Travaux publics et le Ministre du Commerce et de l'Industrie, des Postes et des Télégraphes, après avis du Comité d'électricité, déterminent les conditions techniques auxquelles devront satisfaire les distributions d'énergie au point de vue de la sécurité des personnes et des services publics intéressés, *ainsi qu'au point de vue de la protection des paysages*. Ces conditions seront soumises à une révision annuelle ».

Nota. — Il revient implicitement à la *Commission départementale des Sites* la mission d'examiner les cas prévus par cet article.

3o *PROPOSITION DE LOI contre les abus de l'* **Affiche-Réclame**, (renvoyée à la Commission de l'Administration générale, départementale et communale, des cultes et de la décentralisation,) *présentée* par M. Charles Beauquier, *député*. — *Annexe au Procès-Verbal de la Séance du 28 janvier 1908*. — No 1472, Chambre des députés, neuvième législature, session de 1908.

Article 1er. — L'affichage est interdit sur les édifices, monuments naturels et dans les paysages et sites classés.

Il l'est également autour des dits édifices, monuments, sites et paysages, dans un périmètre qui sera, dans chaque cas particulier, déterminé par un arrêté préfectoral sur avis conforme de la Commission départementale des Sites.

Art. 2. — En dehors des cas prévus par l'article premier, le préfet pourra, sur avis de la Commission départementale des Sites, prendre un arrêté interdisant l'affichage, toutes les fois que l'exigera la beauté ou la conservation des édifices, monuments naturels, sites et paysages.

Art. 3. — Tout affichage contraire à l'arrêté préfectoral pris en conformité de la présente loi sera puni d'une amende de 100 à 3000 francs.

Art. 4. — La présente loi est applicable à l'Algérie.

Art. 5. — Un règlement d'administration publique déterminera la procédure et les détails d'applications de la présente loi.

Nota. — Cf. pour l'exposé des motifs, *Bulletin de la Société pour la Protection des Paysages*, no 25, 1908, janvier, p. 269 et rapport conforme de M. Cloarec, député (loc. cit. no 30, 1909 15 avril, p. 1, et *Officiel*. Chambre des Députés, annexe au procès-verbal de la séance du 29 janvier 1909. Chambre des députés. 2e législature, 1909, no 2272).

4o *PROPOSITION DE LOI tendant à créer des* **Réserves nationales boisées** *en vue de l'hygiène et de la conservation de la beauté des sites.* (Renvoyée à la Commission de l'Agriculture.) *Présentée* par M. Charles Beauquier, *député. — Annexe au Procès-Verbal de la Séance du 6 juillet 1908.* — No 1899, Chambre des députés, neuvième législature, session de 1908.

Article 1er. — Les parties intéressantes au point de vue de la beauté du paysage et de l'hygiène publique des bois et forêts dépendant du domaine de l'Etat situés autour de Paris dans un rayon de 80 kilomètres, seront classées par la Commission départementale des Sites, instituée par la loi du 21 avril 1906, en réserves nationales, et soumises à un aménagement forestier spécial qui sera déterminé par un règlement d'administration publique. Elles seront administrées par le service des eaux et forêts.

Art. 2. — Les bois et forêts possédés à titre particulier, classés en vertu de la loi du 21 avril 1906, deviendront des réserves nationales soumises à un aménagement forestier spécial déterminé par un règlement d'administration publique et à la surveillance de l'administration des eaux et forêts.

Art. 3. — Ces réserves nationales seront dispensées des servitudes résultant de la loi du 29 décembre 1892 sur les occupations temporaires.

Nota. — Cf. pour l'exposé des motifs. *Bulletin de la Société pour la Protectection des Paysages*, n° 27, juillet 1908, p. 41.

5o *PROPOSITION DE LOI ayant pour objet de réglementer les* **occupations temporaires sur des terrains classés** *parmi les sites ou monuments naturels à protéger.* (Renvoyée à la Commission de l'Agriculture.) *Présentée* par M. Charles Beauquier, *député. — Annexe au Procès-Verbal de la Séance du 10 juillet 1908.* — No 1988, Chambre des députés, neuvième législature, session de 1908.

Article 1er. — En aucun cas, une occupation temporaire ne pourra être autorisée sur les monuments naturels, sites et paysages classés. Il en sera de même autour des dits monuments naturels, sites et paysages, dans un périmètre qui sera fixé dans chaque département par la Commission départementale des Sites créée conformément aux dispositions de la loi du 21 avril 1906.

Art. 2. — Tout exploitant qui modifiera l'aspect visible du sol sera tenu, aussitôt ses travaux achevés, et si possible, à mesure de leur achèvement partiel successif, de réparer le dommage causé à la beauté du paysage, notamment en faisant les plantations nécessaires à couvrir d'un manteau de verdure les excavations, déblais ou remblais qu'il laissera subsister d'une manière permanente.

Art. 3. — A défaut de se conformer au précédent article, il pourra y être contraint par autorité de justice.

Art. 4. — Un règlement d'administration publique règlera la procédure et les détails de la présente loi.

Nota. — Cf. pour l'exposé des motifs. *Bulletin de la Société pour la Protection des Paysages*, n° 28, octobre 1908.

6° *PROPOSITION DE LOI ayant pour objet d'imposer aux* **villes** *l'obligation de dresser des* **plans d'extension et d'embellissement.** (Renvoyée à la Commission de l'administration générale, départementale et communale, des cultes et de la décentralisation), *présentée* par M. Charles Beauquier, *député. Annexe au procès-verbal de la séance du 22 janvier 1909.* — N° 2265, Chambre des députés, neuvième législature, session de 1909.

Article 1er. — Dans un délai de cinq ans à dater de la promulgation de la présente loi, toute commune urbaine de plus de 10.000 habitants sera tenue d'établir un plan d'extension et d'embellissement.

Art. 2. — Le plan déterminera les emplacements des jardins publics, squares, parcs et espaces libres, fixera la largeur des voies, leur direction, le mode de construction des maisons et d'une façon générale établira toute servitude hygiénique ou artistique en vue de l'embellissement et de l'assainissement de la ville.

Art. 3. — Ce plan, dressé par les soins des services municipaux, sera soumis à l'approbation du bureau départemental d'hygiène et de la Commission des Sites et Monuments naturels instituée dans chaque département en vertu de la loi du 21 avril 1906. En outre, il appartiendra à chacun de formuler les observations et oppositions qu'il jugera convenables. A cet effet, il sera ouvert pendant un délai d'un an, à la mairie de la commune intéressée, un registre public où ces observations seront consignées.

Le plan définitivement dressé sera reconnu d'utilité publique par décret en Conseil d'Etat.

Art. 4. — Si, pour une cause quelconque, dans le délai imparti par l'article premier de la présente loi, une municipalité n'avait point établi de plan d'extension et d'embellissement, il en serait dressé un sur l'initiative du Préfet du département. Ce plan serait rendu public par les moyens indiqués à l'article 3 et signifié à la municipalité.

Art. 5. — Le plan établi est exécutoire pendant une durée de trente années et renouvelable. Toute modification pourra y être apportée suivant les formes prescrites à l'article 3.

Nota. — Cf. pour l'exposé des motifs. *Bulletin de la S. P. P. F.* N° 29, janvier 1909, page 89.

VI

EVOLUTION LÉGISLATIVE DE LA LOI DU 21 AVRIL 1906

En mars 1899, M. Hubert, député des Ardennes, présentait à la Chambre un amendement au chapitre concernant la conservation « des monuments historiques ». Il voulait ajouter au texte les épithètes « naturels et légendaires ».

M. Georges Leygues, alors ministre de l'Instruction publique et des Beaux-Arts, promit d'étudier l'établissement des servitudes artistiques analogues aux servitudes militaires pour protéger les monuments naturels et légendaires.

M. Charles Beauquier, député du Doubs, président de la Société pour la Protection des Paysages de France, fut le premier qui, le 28 mars 1901, proposa dans ce but un texte de loi de quatorze articles à la Chambre, appuyé par un exposé des motifs détaillé. (*Officiel*, Chambre des députés, 7e législature, n° 2315.)

Dès lors, avec une infatigable persévérance, pendant plusieurs législatures, chaque fois que l'occasion se présentait, il a remarquablement et éloquemment plaidé notre cause.

Le 17 mai 1901, M. Dubuisson, député du Finistère, membre du Comité directeur de la S. P. P. F., justement indigné du dérochement qui sévissait en Bretagne, a joint ses instances à celles de M. Beauquier et, avec quelques-uns de ses collègues, a déposé sur le bureau de la Chambre une proposition ayant pour objet d'assurer la protection des sites et monuments naturels de France. (*Officiel*, Chambre des députés, 7e législature, n° 2348.)

Le 4 mars 1902, lors de la discussion du budget à la Chambre, MM. Charles Beauquier et Maurice Faure réclamèrent au ministre, M. Georges Leygues, l'exécution de ses promesses. (*Officiel*, Chambre des députés, 5 mars 1902.)

A la séance du 26 juin 1902, M. Dubuisson dépose un projet de loi de cinq articles avec exposé des motifs. (*Officiel*, Chambre des députés, 8e législature, n° 136.)

Le 30 juin 1902, M. Dubuisson, au nom de la première Commission d'initiative parlementaire chargée d'examiner sa proposition de loi, demande à la Chambre de prendre en considération cette proposition. (*Officiel*, Chambre des députés, 8e législature, n° 159.)

Le 5 février 1903, M. Charles Beauquier et un certain nombre de ses collègues déposent sur le bureau de la Chambre une proposition de loi de six articles, précédée d'un exposé des motifs, ayant pour objet de protéger les sites pittoresques, historiques ou légendaires de France. Cette proposition est renvoyée à la Commission relative à la protection des sites et monuments naturels de France. (*Officiel*, Chambre des députés, 8e législature, n° 733.)

Le 23 juin 1903, M. Dubuisson, au nom de cette Commission chargée d'examiner la proposition de M. Beauquier et celle de M. Dubuisson, dépose un rapport concluant à un projet de cinq articles. Cette commission était composée de MM. Charles Beauquier, président; Coulondre, secrétaire, et de plusieurs députés, parmi lesquels MM. E. Dujardin-Beaumetz et Dubuisson. (*Officiel*, Chambre des députés, 8e législature, n° 1058.)

Le 13 décembre 1904, M. Dubuisson, au nom de la Commission, dépose un rapport supplémentaire demandant une loi de cinq articles. (*Officiel*, Chambre des députés, 14 décembre 1904, page 3033, et Chambre des députés, 8e législature, nº 2136.)

Le 2 février 1905, la Chambre, après déclaration d'urgence et discussion des articles sans observations, vote le projet de loi. (*Officiel*, Chambre des députés, 3 février 1905, pages 123 et 126.)

Conformément à l'article 141 du règlement de la Chambre, M. le président Doumer a transmis, le 2 février, la proposition de loi adoptée par la Chambre à M. le Président du Sénat. (*Officiel*, Sénat, année 1905, nº 20.)

Le Sénat a nommé une Commission présidée par M. Bérenger et M. Maurice Faure, rapporteur, a déposé, à la séance du 6 mars 1906, son rapport tendant à modifier légèrement les articles 1 et 3 du texte voté par la Chambre. Il prévoit une possibilité de modification et de déclassement après examen et autorisation du Ministre et de la Commission. (*Officiel*, Sénat, 1906, nº 87.)

Ce projet, après avoir été renvoyé plusieurs fois (*Officiel*, 24 mars 1906; Sénat, séance du 23 mars 1906, page 270), est venu utilement à l'ordre du jour de la séance du 27 mars où il a été longuement discuté. (*Officiel*, 28 mars 1906, Sénat, pages 281 à 286.)

Le 10 avril 1906, la Chambre a confirmé sans débats le vote du Sénat. (*Officiel*, 11 avril 1906; Chambre des députés, page 1705.) Cette loi a été promulguée le 21 avril 1906. (*Officiel*, mardi 24 avril 1906, page 2762.)

VII

LA SOCIÉTÉ POUR LA PROTECTION DES PAYSAGES DE FRANCE

et les Commissions départementales des Sites.

Comme l'indiquent les chapitres précédents, c'est à l'initiative de la Société pour la protection des Paysages de France qu'est due la loi du 21 avril 1906, comme on lui doit les projets de loi complémentaires présentés par son président, M. Charles Beauquier, député, pour fonder le *Code des Paysages*.

Il importe donc aux Commissions départementales des Sites et à ses membres de se tenir en rapport direct et constant avec cette Société, comme du reste plusieurs y sont depuis leur institution. MM. les Ministres de l'Instruction publique et le sous-secrétaire d'Etat aux Beaux-Arts, ainsi qu'un certain nombre de Préfets, Présidents des Commissions, l'honorent de leurs communications officielles qu'elle publie dans son Bulletin trimestriel.

Ce Bulletin insère donc les arrêtés de classement, les délibérations prises, comme aussi la discussion de tous les cas qui se posent à mesure de l'application de la loi du 21 avril 1906. Le Comité directeur de la Société comme la Commission législative et juridique qu'il a instituée, examinent tous ces cas et proposent toutes solutions juridiques ou établissement des faits qu'ils comportent.

La Société se fait ainsi l'intermédiaire officieux entre les pouvoirs publics et les intéressés à l'application de la loi. Et grâce à l'influence personnelle de son président et des membres de son Comité, grâce à l'appui que les autorités gouvernementales accordent à de tels défenseurs attitrés des paysages, l'œuvre des Commissions départementales des Sites peut être particulièrement favorisée.

D'autre part, la Société fait appel à tous ceux qui estiment que, pour assurer à notre pays la conservation de son patrimoine esthétique, il est nécessaire de commencer par la défense de ses beautés naturelles.

L'action de la Société intéresse donc tous ceux qui ne voient pas sans émotion les atteintes graves portées aux beaux sites, souvent sans utilité réelle : elle intéresse particulièrement les artistes et les touristes. Il convient de mentionner, à un autre point de vue, que les beautés naturelles sont presque toujours une source de richesse pour les régions qui les possèdent, et qui bénéficient de l'affluence de leurs admirateurs.

La Société, qui a déjà obtenu de nombreux et importants résultats en des cas particuliers, rappelle que c'est elle qui a créé le mouvement en faveur des sites qui s'est développé depuis, et il reste nécessaire que, par le nombre de ses membres, la Société rende chaque jour son action plus générale et plus forte pour le profit de chacun et le plus grand bien de tous.

Fondée le 1er juillet 1901, sur les objurgations inspirées du poète Jean Lahor (Docteur Cazalis), la Société a eu comme premier président Sully-Prudhomme, de l'Académie française, et a vite obtenu le concours des personnes les plus diverses d'esprit et d'aptitudes, gens de science comme artistes, hommes de lettres comme juristes.

En huit ans d'efforts incessants en faveur du bon goût public et de l'esthétique, elle a développé son organisation, comme ses moyens d'action. Elle nomme des délégués dans les diverses régions de France pour la représenter et leur donne la mission spéciale de seconder l'œuvre des Commissions départementales des Sites; elle provoque même la formation de Sections des délégués, comme celle des Alpes-Maritimes. Elle accorde enfin, pour récompenser et encourager les partisans de son œuvre, des diplômes d'honneur où sont portés les motifs qui ont provoqué ces distinctions : la défense d'un paysage, la protection d'une beauté naturelle, etc.

Elle-même reçoit les plus précieux encouragements pour poursuivre sa tâche : A l'Exposition franco-britannique de Londres, en 1908, une médaille d'or lui a été décernée et des médailles d'argent ont été accordées à ses collaborateurs exposants; les personnalités les plus marquantes ont bien voulu accepter de faire partie de son Comité d'honneur, dont les présidents sont : MM. le Président de la République, le Ministre de l'Instruction publique et des Beaux-Arts; le Ministre de l'Agriculture; le sous-secrétaire d'Etat aux Beaux-Arts et Frédéric Mistral.

Entretenant les meilleures relations avec les ligues et sociétés analogues dans les divers pays, elle organise enfin avec elles un Congrès international pour la protection des paysages, qui est définitivement fixé fin octobre 1909, *et auquel elle invite, d'ores et déjà, par cette brochure, les Commissions départementales des Sites et tous leurs membres*. Des programmes détaillés seront envoyés en temps voulu aux adhérents.

Toutes les communications concernant la Société, le Congrès et la Protection des Paysages doivent être adressées à M. P.-A. Changeur, secrétaire général, 26, rue de Grammont (SIÈGE SOCIAL DE LA SOCIÉTÉ), ou se présenter à cette adresse le lundi de 5 heures à 6 h. 1/2.

La Société reçoit des membres *adhérents* (5 fr. par an), sociétaires (10 fr. par an; cotisation rachetable pour 100 francs à verser en une fois), *donateurs* (200 fr. au moins en une fois), qui reçoivent tous un Bulletin trimestriel illustré, et les invitations aux réunions, excursions, etc. qu'elle organise.

Adresser les mandats ou bons de poste au nom de M. Jean LOBEL, trésorier de la Société, au Cercle de la Librairie, boulevard Saint-Germain, 117.

VIII

BIBLIOGRAPHIE

Principaux ouvrages : F. CROS-MAYREVIEILLE. *De la Protection des Monuments historiques ou artistiques, des Sites et Paysages*. Paris, Larose et Tenin 1907, in-8°, de 288 p. Prix : 6 fr. (Médaille d'argent de l'Exposition de Londres, 1908).

Raoul DE CLERMONT. *Rapport au Congrès de l'Association littéraire et artistique internationale*, Congrès de Liège, 1905. (Médaille d'argent à l'Exposition de Londres, 1908).

Louis DE NUSSAC. *La Société pour la Protection des Paysages de France*. — *La Science au* XXe *Siècle*, n° du 15 septembre 1906, p. 275-280 et *Revue d'Ardenne et d'Argonne*, Sedan, n° de novembre-décembre 1908.

— *Bulletin de la Société pour la Protection des Paysages* (secrétaire de la rédaction : Louis DE NUSSAC; Médaille d'argent à l'Exposition de Londres, 1908); trimestriel. Paris, impr. Chaix, 1902-1907; impr. Pochy, 1907-1909. — En particulier, pour la loi du 21 avril 1906 et son application, n° du 15 juillet 1906 et suivants : Bulletin des Commissions départementales des Sites. — Et les divers nos du *Journal Officiel* cités au chapitre VI.

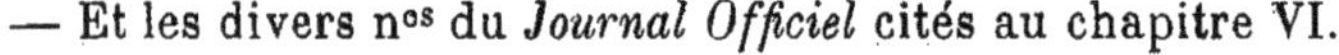

Paris. — Imprimerie G. Picquoin, 53, Rue de Lille

à détacher suivant le pointillé

SOCIÉTÉ POUR LA PROTECTION DES PAYSAGES DE FRANCE

SIÈGE SOCIAL ET SECRÉTARIAT : 26, RUE DE GRAMMONT, PARIS

BULLETIN D'ADHÉSION

Je demande mon admission comme membre (1) .... *à la* **Société pour la Protection des Paysages de France.**

Ci-joint *francs, montant de la cotisation de l'année courante (2). (Le rachat de la cotisation de 10 francs comme membre sociétaire est admis moyennant le versement d'une somme de* Cent *francs ; il confère la qualité de* Membre à vie.)

SIGNATURE

Nom et Prénoms : ....

Profession et Qualités : ....

Adresse : Rue et numéro : ....

Ville : ....

Département : ....

(1) Indiquer la catégorie : Adhérent, 5 francs par an. Sociétaire, 10 francs par an. Donateur, 200 francs.

(2) Adresser les mandats ou bons de poste au nom de M. JEAN LOBEL, directeur du Bureau de la Propriété Littéraire et Artistique, trésorier de la *Société pour la Protection des Paysages de France*, **au Cercle de la Librairie et de l'Imprimerie, 117, boulevard Saint-Germain, à Paris.**

Société pour la Protection des Paysages de France

COMITÉ D'HONNEUR

Présidents :

MM. **Fallières**, président de la République.
le Ministre de l'Instruction publique et des Beaux-Arts.
le Ministre de l'Agriculture.
le Sous-Secrétaire d'Etat aux Beaux-Arts.
Frédéric Mistral.

Membres :

S. A. S. **le prince Albert de Monaco**, président d'honneur de la Section des Alpes-Maritimes.
MM. **le prince Roland Bonaparte**, membre de l'Institut.
le prince d'Arenberg, président de la Cie du Canal de Suez.
Adolphe Brisson, directeur des *Annales politiques et littéraires.*
Georges Cain, directeur du musée Carnavalet.
E. Caron, président du Club Alpin.
Jules Claretie, de l'Académie française
Jules Comte, directeur de la *Revue de l'Art ancien et moderne.*
Charles Cottet, peintre.
Daubrée, conseiller d'Etat, directeur général des Eaux et Forêts.
Armand Dayot, inspecteur des Beaux-Arts
le docteur Déjerine, professeur à la Faculté de Médecine de Paris.
Paul Deschanel, ancien président de la Chambre des Députés.
Carolus Duran, directeur de l'Ecole de Rome
Maurice Faure, vice-président du Sénat.
Gustave Geffroy, homme de lettres, directeur des Gobelins.
Charles Gide, professeur à la Faculté de Droit.
Paul Guillon, ingénieur en chef des Ponts et Chaussées.
Edmond Haraucourt, conservateur du musée de Cluny.
Paul Hervieu, de l'Académie française.
Izoulet, professeur de Philosophie sociale au Collège de France.
Léauté, de l'Institut.
Emile Levasseur, de l'Institut, directeur du Collège de France.
G. Maillard, prés de la Société Artistique et Littéraire internle.
Paul Marieton, président du Félibrige de Paris.
Jules Massenet, de l'Institut.
Antonin Mercier, de l'Institut
André Michel, conservateur de la sculpture au musée du Louvre.
Pierre de Nolhac, conservateur du musée de Versailles.
les Présidents de la Société des Artistes français et de la Société nationale des Beaux-Arts
le professeur Richet, de l'Académie de Médecine.
le baron Edmond de Rothschild, membre de l'Institut.
O. Roty, de l'Institut.
Olivier Sainsère, conseiller d'Etat.
Saint-Saëns membre de l'Institut
le général Sebert, membre de l'Institut.
de Selves, préfet de la Seine
Tissier, professeur à la Faculté de Droit de Paris.
E. Vollon, président de la Société des Artistes indépendants.
Léon Vidal, professeur à l'Ecole nationale des Arts décoratifs.
Gaston Vuillier, homme de lettres.

S. M. le Roi des Belges.

www.ingramcontent.com/pod-product-compliance
Ingram Content Group UK Ltd.
Pitfield, Milton Keynes, MK11 3LW, UK
UKHW020407250726
13967UKWH00006B/2525

9 782011 942012